AF262461

I 43
16
282

43

L 6 282.

HOMELIE

PRONONCÉE DANS SA CATHÉDRALE,

LE XI MARS MDCCCIV,

PAR MONSEIGNEUR L'ARCHEVÊQUE

HIACINTHE DE LA TOUR;

ÉVÊQUE D'ACQUI;

A L'OCCASION DES SOLENNELLES ACTIONS DE GRACES RENDUES

AU TOUT-PUISSANT,

POUR L'HEUREUSE DÉCOUVERTE DE LA GRANDE CONSPIRATION

CONTRE LE CHEF SUPRÊME DE L'ÉTAT;

NAPOLÉON BONAPARTE.

BIBLIOTHÈQUE ROYALE

HOMÉLIE.

Qu'elle est admirable, qu'elle est précieuse, mes chers frères, la grâce que le Dieu tout-puissant et miséricordieux vient de nous accorder, en déjouant le complot infernal, que l'impiété et la perfidie avoient tramé contre le Chef auguste de la nation, l'invincible, le magnanime, l'incomparable BONAPARTE !

En prononçant ce grand nom, il me semble entendre une voix solennelle, qui, du lieu le plus élevé du sanctuaire, m'ordonne de graver plus profondément encore dans vos ames l'histoire des actions immortelles de cet homme extraordinaire. J'obéis, mes frères bien-aimés. Mais parlerai-je de cette valeur magnanime, avec laquelle parcourant la plus glorieuse carrière, cueillant les palmes de la victoire, élevant des trophées, répandant la terreur, semant la mort sur ses pas, il conquit l'Italie, ébranla l'Empire Germanique, en menaça la capitale même, dompta l'Egypte, et fit trembler la puissance Ottomane ? Ah ! non : devant cet autel, où l'on immole tous les jours des hosties de paix, je ne parcourrai pas les fastes de la guerre ; et vous traçant rapidement l'image de ce Héros, je me servirai des cinq mots si éloquens, avec lesquels Dieu fit l'éloge historique du grand conquérant de l'Asie : *Siluit terra in conspectu ejus :* Oui, à l'aspect de ce nouvel Alexandre, la *terre étonnée se tut.* Semblable à la foudre, il passoit sous les yeux des ennemis armés et attentifs les fleuves les plus rapides et les plus dangereux ; avec des marches savantes et précipitées, surprenoit des armées formidables, et les mettoit en fuite ; ordonnoit d'un ton imposant la cession des armes et des drapeaux à des troupes nombreuses, accoutumées depuis long-temps à la guerre et à la victoire ; et à la fin, par un prodige inconnu dans les fastes militaires du monde, à travers des rochers inaccessibles, dont les glaçons éternels épouvantent le peu de voyageurs forcés de les gravir d'un pas tremblant, il ouvroit à ses phalanges victorieuses et à ses bronzes meurtriers une route inconnue. Et n'est-ce pas là une entreprise à laquelle doivent céder les faits les plus glorieux des *Bellovese*, des *Brennus*, et d'*Annibal* lui-même ? Mais je ne dois pas m'occuper uniquement des œuvres de l'homme ; élevant mon esprit vers le ciel, je vois que l'Etre-Suprême, dont la providence gouverne tout,

1. Mach. 1, 3.

fut l'auteur bienfaisant de tous ces exploits miraculeux. Comme il avoit jadis conduit des Gaules florissantes en nos contrées ce roi très-sage et très-puisssant, qui, délivrant la malheureuse Italie du joug fatal des Lombards, y fit refleurir l'urbanité, les sciences et les arts, et rendit un hommage si éclatant à l'Eglise, et au suprême Pontife; de même, dans le dix-huitième siècle, siècle trop mémorable et trop fameux, il choisit parmi nous un génie tutélaire, pour tarir les larmes de la France, plongée dans la licence et l'impiété. Quelle entreprise, mes chers frères, pleine de dangers, et d'écueils redoutables! quelle entreprise pour un jeune Héros, entouré de toutes parts de mille obstacles funestes, que la force humaine isolée n'auroit jamais pu surmonter! Mais de quelle force l'homme n'est-il pas doué, lorsque Dieu veut s'en servir comme d'un instrument de sa gloire et de sa toute-puissance?

Pendant que, sur les rives du Nil et de l'Eritrée, il foudroie les ennemis frappés d'étonnement et de terreur, Dieu lui inspire le grand dessein d'arriver inopinément là, où, à cause de sa longue absence, on voit régner par-tout le désordre et la confusion. Obéissant à la voix su-

prême de l'Eternel, qui, par des chemins extraordinaires, le guide où il doit fixer les destins,
non-seulement de la plus grande, de la plus glorieuse nation du monde, mais de l'Europe en-
tière, il traverse rapidement les gouffres d'une
mer pleine des plus redoutables dangers.

Entouré de mille trophées glorieux, tout cou-
vert des plus nobles lauriers, à peine il se pré-
sente devant la vaste Métropole des Gaules,
dont il avoit déjà étendu les limites, tout lui
sourit : à son aspect, on voit renaître la joie
et l'espoir de tous les citoyens ; ils le fêtent,
ils l'applaudissent; d'une voix unanime ils l'ap-
pellent à leur secours, comme le seul homme
capable de soulager leur peine, et de tirer la
France du bord de l'abîme. Il harangue les
chefs de l'Etat, le peuple et l'armée ; tout cède
à sa mâle éloquence; on admire l'intrépide magnanimité de ses desseins; cent bras se lèvent
pour arrêter la main infernale qui cherche à le
frapper dans ce moment décisif : les factieux
sont dispersés, les haines disparoissent, l'or-
gueil se tait, la cupidité se cache, et tout cède
en un mot au jeune sauveur du vaste empire
des Gaules : *Siluit terra in conspectu ejus.*

Je sens que le noble sujet agrandit mes idées,

(7)

je me sens élever au-dessus de moi-même ; mais
ne vous attendez pas à me voir parcourir tous
les fastes consulaires, à me voir tracer l'histoire
de toutes les actions mémorables d'un Héros,
qui a porté le nom François au plus haut degré
de gloire, et dont la renommée retentit dans
toute la terre. D'autres orateurs plus habiles,
des historiens fameux, s'honorant d'une tâche
si glorieuse, célébreront avec une noble éloquence les exploits immortels d'un génie si sublime et si bienfaisant. O Religion ! fille aînée du
ciel, toi seule seras ici le sujet de mes solli-
citudes et de mon discours.

Vers la moitié de ce siècle funeste, qui vient
de rentrer dans le sein de l'éternité, des hommes indignes d'en porter le nom, et qui osoient
cependant usurper celui de philosophes éclairés,
méditoient dans leur repaire le crime et l'ini-
quité. Nouveaux Encelades, misérables enfans ^{Psalm. 35,}
de l'enfer et de la terre, ils vouloient combattre ^{5.}
contre le Ciel et les Dieux. Mais abandonnons-
leur la fable, et parlons avec assurance le lan-
gage des saintes Ecritures. Nouveaux Géans, qui
n'étoient fameux que par leur concupiscence ef-
frénée, se révoltant contre leur créateur, et,
comme dit Job, s'armant contre le Tout-Puis- ^{Job. 15,}
^{25.}

sant, ils amenèrent sur le globe tous les maux, tous les désordres d'un nouveau déluge. Et ne fut-ce pas un déluge effroyable que la débauche, l'irréligion, l'atrocité, les vices et les malheurs dont ils inondèrent cette grande Métropole, qui fut un temps la mère la plus féconde en grands hommes, nés pour la gloire de la Religion et de l'Empire? Ne fut-ce pas en cette cité fameuse, que l'on vit siéger comme sur leur trône le vice, l'athéisme et l'horreur? Malheureux! vous aviez formé le projet de renverser, d'anéantir l'Eglise; mais c'est l'ouvrage du Tout-Puissant, c'est une colonne inébranlable, un firmament de vérité. Philosophes insensés! malgré vos vœux perfides, vous verrez toujours l'Eglise Romaine triompher du monde entier. Celui qui la fit plus solide que les portes de l'enfer, envoie de temps en temps sur la terre des Héros magnanimes qui la relèvent, et la raffermissent sur cette pierre indestructible où le suprême auteur la posa. Cette femme mystérieuse, vêtue de pourpre, couverte d'or et de diamans, tenant dans sa main une coupe pleine de lie empoisonnée, rougira un jour d'elle-même et de ses forfaits; elle pleurera amèrement ses cruautés; elle priera un jour, que le sang réconciliateur des prophètes qu'elle a égorgés, et qui, étendus sous l'autel, ne demandent plus vengeance, mais pardon et miséricorde, se répande sur elle et sur ses enfans. Les faux conciles dissous, le schisme éteint, la hiérarchie ecclésiastique rétablie dans le clergé, le vicaire de J. C. rentrera dans ses droits sacrés et imprescriptibles ; on verra se relever par-tout ces autels, où l'on immoloit la victime expiatoire ; on ne lira plus sur les temples consacrés au culte divin ces inscriptions profanes : au *Génie*, à la *Victoire*, à l'*Hyménée*; à soixante Evêques intrus, succéderont autant de Pasteurs légitimes, élus selon les lois canoniques par le Chef du siége principal de l'Eglise, ce centre sacré de l'unité catholique, avec lequel on pourra désormais entretenir une libre communication, essentielle au bien des Fidèles; on abolira cette funeste décade forgée dans les gouffres de l'enfer, et dont les ouvriers mêmes eurent l'impudence d'annoncer qu'ils l'avoient expressément inventée pour effacer des esprits républicains, qu'on osoit appeler régénérés, l'idée et jusqu'au souvenir d'un Dieu bienfaisant, créateur et conservateur de l'Univers. Et cette terre qu'ont arrosée de leur sang les *Denys*, les *Rustique*, les *Eleuthère*; qui vit naître les *Hilaire*, les *Pros-*

per, les *Eucher,* les *Bernard,* et cette foule d'illustres vengeurs de leur foi, et de zélés défenseurs du Vatican, recouvrera sa première splendeur, d'autant plus éclatante qu'elle sera illustrée par le sang des nouveaux martyrs, émules de ces anciens modèles de piété.... Prophétiserois-je?.... Ah! non. Mes fils bien-aimés, voilà le tableau fidèle du merveilleux changement que l'Être-Suprême a opéré par la main de BONAPARTE.

Mais vous vous rappelez, sans doute, que l'illustre *Néhémie,* le restaurateur de Jérusalem et de la Religion judaïque, pendant que de concert avec le grand-prêtre *Eliasib* il relevoit les murailles et les portes abattues de la sainte Cité, fut toujours exposé aux pièges que lui tendoient les féroces Moabites, et les fils pervers d'Ammon, qui ne pouvoient pas souffrir qu'un homme cherchât à rétablir la sûreté et le bonheur d'Israël : de même l'hérésie et le vice, ces ennemis implacables de J. C. et de son Église, la voyant, grâce à un Génie bienfaisant, en parfait accord avec l'autorité du suprême Pontife ; la voyant élever son auguste tête au-dessus du tombeau, où ils s'étoient flattés de l'avoir ensevelie pour jamais, et renaître victorieuse et

triomphante, pleins de rage et de fureur, médi-
tèrent dans leur désespoir un complot affreux.
Les perfides! ils espéroient le faire tomber dans
leurs embûches abominables: mais le souvenir
seul de la manière miraculeuse avec laquelle Dieu
le sauva des atteintes inévitables d'une machine
infernale, auroit dû les convaincre que l'adresse,
la ruse, les projets les mieux concertés, et toute
la perfidie humaine, ne peuvent rien contre le
Seigneur. Que dis-je? Ce fut alors même que
les ennemis de l'ordre et de la Religion, toujours
plus furieux, commencèrent, je pense, à ourdir
cette horrible trame, qui, grâce à Dieu, a été
si heureusement découverte; trame ourdie au-
delà des mers contre le vengeur même, le bien-
faiteur, le Chef de la nation, et tendante à dé-
truire de fond en comble le majestueux édifice
de ce vaste Empire, qu'il a rendu si fort et si
florissant par mille prodiges extraordinaires de
sagesse et de valeur; Empire agrandi par le génie,
embelli par la vertu, soutenu par la Religion,
et qui, formant aujourd'hui la gloire du nom
François et l'admiration de l'Europe, excite
l'envie de ses rivaux. Mais que peuvent, contre
celui qui vit sous la main protectrice du Créateur, les noires embûches des *Séméi* blasphéma-

teurs, des perfides *Abners* et des rebelles *Na-*
bals? Je suis, dit le Seigneur, je suis le Dieu
puissant et terrible qui dissipe les desseins des
impies ; c'est moi qui découvre les iniquités
voilées par les ténèbres, et expose au grand
jour les ombres mêmes de la mort; c'est moi
qui enveloppe les méchans astucieux dans leurs
propres filets, et disperse leurs projets des-
tructeurs, comme les étincelles emportées par
le vent. Non ; le Héros que le Créateur a ap-
pelé à gouverner d'une main sûre le plus grand
peuple de l'Univers, ne sera pas victime de
l'ambition, de l'or, et de l'incrédulité. La Providence veille sur lui, et le bras tout-puissant
qui le doua de force dans les combats, de mo-
dération dans la victoire, et de sagesse dans les
conseils, ce bras lui sert de guide, et défend
ses jours précieux. C'est, grâce à Dieu, mes
chers frères, qu'on a découvert à l'instant cet
exécrable complot. O prodige éclatant ! Les perfides auteurs du noir attentat sont en partie en-
chaînés, en partie dispersés ; des lois sévères
défendent tout asile aux restes abominables d'une
troupe infernale ; la Seine retentit de mille cris
d'allégresse, et l'Océan, le Rhin, les Alpes, les
Pyrénées, les répètent d'une voix unanime ; on

2. Esd. 4.

Job. 12,
22.

Idem. 5,
13.

Idem. 21,
18.

entend de toutes parts des accens de joie, de reconnoissance et d'admiration ; de toutes parts on entend dire : DIEU A SAUVÉ LE SAUVEUR DE LA FRANCE.

Mais nous, mes frères bien-aimés, qui, sous les auspices de ce Héros magnanime, sommes devenus frères des François, nous destinés à partager leur gloire et leurs espérances, serons-nous spectateurs indifférens de l'heureuse découverte d'une si abominable conspiration ? Ah ! si dans ce cercle nombreux d'auditeurs, il se trouvoit un seul homme qui ne fût pas pénétré d'un sentiment d'éternelle reconnoissance envers le Dieu bienfaisant qui nous a fait une grâce si signalée, je dirois : C'est un ennemi cruel de l'humanité, un monstre insensible au bien de la patrie et de la Religion.

Supposons, mes chers frères, que, pour nous punir de nos péchés, Dieu eût permis, dans sa colère, qu'un scélérat plongeât un fer parricide dans le sein de cet homme extraordinaire, que serions-nous devenus ? Quelle affreuse pensée ! Mon esprit s'en éloigne ; je ne puis sans frissonner m'arrêter un instant sur tous les maux terribles dont la France auroit été inondée, et nous principalement, qui, privés de la présence de l'armée, aurions vu en peu de temps régner par-tout la confusion, le désordre et l'anarchie. Un demi-siècle de guerres et de malheurs n'auroit pas suffi peut-être pour ramener la paix et la tranquillité. Et qui peut sans frémir, sans verser un torrent de larmes, penser aux injustices, aux perfidies, aux cruautés qui sont toujours les suites déplorables des discordes civiles ? Eloignons ces idées douloureuses, éloignons de notre vue l'horrible perspective de tous les malheurs, de tous les massacres, dont nous aurions été ou victimes ou spectateurs. Il est donc évidemment démontré que Dieu, sauvant la vie au Chef de la grande nation, a conservé nos jours, nos biens, et assuré le bonheur de la France.

Que dirai-je de la Religion ? Ignorez-vous par combien de diatribes infernales, par combien d'abominables invectives et de mensonges astucieux elle étoit, même parmi nous, insultée, méprisée, et souvent par quelques-uns de ses fils les plus chéris, les plus favorisés, et qui lui devoient par conséquent plus de respect et d'amour ? N'est-il pas trop vrai que la philosophie, indigne de sa noble origine, vouloit semer parmi nous le deuil et la désolation, en élevant des autels profanes sur les ruines de ceux qui étoient consacrés à la vertu? N'avons-nous pas vu des esprits malheureusement trop célèbres lancer les traits du ridicule contre les augustes mystères de la foi, contre la morale de l'Evangile, et sacrifier à un bon mot la pudeur, le mérite, le gouvernement, et Dieu même? O ma patrie! à quel état d'avilissement serois-tu réduite, si le génie tutélaire de la France n'avoit pas imposé un frein salutaire à ces libertins infâmes, véritable fléau de la société, qui haïssent tout ce qui peut servir de bornes à leurs passions effrénées! Oui, mes chers frères, ce fut la haine contre la Religion qui détruisit les autels sacrés, profana les temples, versa le sang des ministres de Dieu, et fit disparoître presque tous les monumens du culte catholique. Ce fut la haine contre la Religion, qui, non-seulement institua des fêtes sacriléges, et fit l'apothéose des corrupteurs de la morale; mais, dans l'excès de sa rage contre la divinité, inspira à l'athéisme l'idée extravagante et contradictoire d'exiger aussi un culte, et dicta d'un ton imposant à une foule inconsidérée d'incrédules tout ce que le délire et la folie peuvent imaginer de plus ridicule et de plus atroce. Ce fut enfin, oui ce fut la haine implacable contre la Religion qui conseilla au vice et à l'impiété de lancer leurs dards empoisonnés contre la personne auguste du Premier Consul ; ayant l'audace d'attribuer à la seule politique tout ce qu'il a fait en faveur de l'Église, et l'accusant de protéger en apparence le culte catholique, pendant qu'il se moquoit en secret de la crédulité des hommes. Ecrivains malfaisans, monstres perfides, quand cesserez-vous d'abuser de la clémence, de la magnanimité d'un Héros trop supérieur à vos pamphlets, à vos cris impuissans, démentis tous les jours par l'évidence des faits, et dignes en un mot du plus profond mépris ? Et ne devons-nous pas, mes chers frères, admirer plus que jamais ce restaurateur sublime de la Religion catholique ? Il ne savoit que trop bien quelle étoit la noirceur des ames des incrédules ; il ne se dissimuloit pas que, rétablissant d'une manière éclatante le vrai culte, il s'attireroit leur haine implacable ; mais ferme dans ses nobles desseins, il n'hésita pas un instant à affronter la haine, si glorieuse pour lui, des ennemis de Dieu et de la morale, en rendant à la Religion ses temples, à la vertu son trône, et enchaînant d'une main vigoureuse le vice et l'hérésie. O cœur vraiment noble et héroïque, plein de cette fermeté chrétienne, qui sait tout sacrifier aux intérêts du ciel, et au bien de la société!

Mais ce Héros, doué d'une valeur et d'une sagesse étonnante, qui consacre tous les instans de sa vie au bonheur de ses semblables, à la prospérité et à la gloire de l'Etat, qui fait les délices de toutes les ames vertueuses; le Vainqueur des ennemis de la France, le Législateur des Nations, le Pacificateur de l'Europe, l'espoir des hommes de bien, la terreur des méchans, le soutien de la Religion, le consolateur de l'Eglise; ce Héros, je le répète, extraordinaire, incomparable, vrai prodige des siècles présens et futurs, don rare et précieux que le Dieu de la bienfaisance a fait à la terre, ne seroit pas l'objet du plus sincère attachement et de nos plus tendres affections? Ah! non. Chantons, mes frères bien-aimés, oui chantons de nouveaux hymnes de joie et de grâces au Dieu tout-puissant, au Dieu de la magnificence, de la justice et de la miséricorde, qui a daigné nous conserver ce trésor incomparable. Que mille voix d'allégresse répètent son nom glorieux et immortel! Et vous, en attendant, mes très-chers frères, je vous le dis avec toute l'effusion de mon ame, soyez fortement

attachés à la Religion, aimez-la, je vous en con-
jure au nom de J. C., aimez-la avec la plus
vive ardeur. Soyez sujets, non-seulement à l'autorité divine, mais aussi à celle des chefs de
l'Etat, qui en est une lumineuse émanation. Soyez
enfin, tels que furent vos ancêtres, lorsque l'extravagante philosophie, cause de mille affreux
bouleversemens, étoit inconnue sur la terre.
Souvenez-vous enfin, et puisse ce souvenir être
l'heureux résultat de mon discours; souvenez-
vous que tout change sur le globe, parce que
les choses humaines sont variables et fragiles :
la différence des temps, des mœurs, des cli-
mats et des circonstances, les vicissitudes des
siècles ont introduit mille changemens dans toutes les lois humaines. La seule loi divine n'a jamais
changé. Immortelle, immuable, comme son auteur, elle est toujours la même, pendant que
tout change autour d'elle. Voilà le grand privilège
de la Religion que vous avez le bonheur de pro-
fesser; voilà le caractère ineffaçable de cette
auguste fille du ciel, qui seule peut consoler et
sanctifier la terre. Ainsi soit-il.

F I N.

A PARIS,

De l'Imprimerie d'Adrien Le Clere, Imprimeur de LL. EE. Mgr. le Cardinal CAPRARA, et de Mgr. le Cardinal DE BELLOY, Archevêque de Paris, quai des Augustins, n°. 39.

13

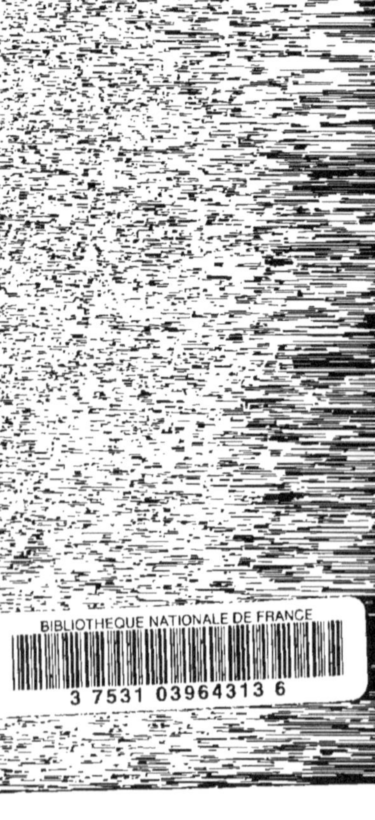

BIBLIOTHEQUE NATIONALE DE FRANCE
3 7531 03964313 6

www.ingramcontent.com/pod-product-compliance
Lightning Source LLC
Chambersburg PA
CBHW061806060726
47597CB00007B/3129